معلم ثانى
بخط عثمانى

Муаллими соний

Усмон хатида

Бисмиллаҳир роҳманир роҳим

Муқаддима

Ўзининг каломида "Қуръонни тартил билан ўқи", деб буюрган Аллоҳ таолога битмас-туганмас, энг чиройли ҳамду-санолар бўлсин. "Сизларнинг яхшиларингиз, Қуръонни ўрганиб ва уни ўргатганларингиздир", деб марҳамат қилган саййидимиз ва шафоатчимиз, Муҳаммад соллаллоҳу алайҳи ва салламга гўзал саловат ва саломларимиз бўлсин.

Ушбу қўлингиздаги - "Муаллими соний Усмон хатида" рисоласи Қуръони каримни ўқишни ўрганиш учун мўлжалланган. Бу китобнинг бошқа Қуръонни ўқишни ўргатувчи китоблардан асосий фарқи, тажвид қоидаларини Мадина мусҳафларидаги белгилар орқали ўргатишидадир. Бу рисола юртимизда кўп йиллардан бери Қуръони каримни ўқитишда қўлланма бўлиб келадиган Аҳмад Ҳодий Мақсудийнинг "Муаллими соний" китоби асосида тайёрланган.

Рисоланинг номи ҳақида. "معلـم ثانى بخـط عثمانى" – "Муаллими соний Усмоний хатда", деган маънони билдиради.

Ўн тўққизинчи асрдан бошлаб Қозон шаҳрида нашриётлар очила бошлаган. Уларда кўплаб адабиётлар нашр қилина бошлаган. Шу жумладан арабча диний адабиётлар ва Қуръони карим мусҳафлари ҳам чоп қилинган. Бу мусҳафлар Татаристон, Рассия ва Ўрта Осиё халқлари орасида кенг тарқалган. Шунинг учун, Қуръони каримни ўргатишда дарслик бўлмиш, "Муаллими соний" китобини ҳам шу қозон босма шаклида ёзилган бўлса эҳтимол.

Бу қозон босма услуби, ўз вақтида ислом уммати илмига катта ҳисса қўшган, ҳатто Ҳозирга кунда ҳам ўша даварларда қозон босма услубида нашр қилинган китоблар ўқиб келинмоқда. Аллбатта, бу услубда чоп қилинган Қуръони карим мусҳафининг ўзига хос ёзиш услуби бор. Ҳозирги кунда еса, бутун дунёга Мадина мусҳафлари кенг тарқалди. Унинг ҳам ўзига хос услуби бор. Худди шу услубларни ўргатиш учун Қуръони каримни ўрганишда дарслик бўлган

“Муаллими соний” китобини шу Мадина мусҳафи услубида ёзиб чиқилди ва баъзи жойларига ўзгариш ва қўшимчалар қилинди. Бу рисоланинг номига берилган “Усмон” нисбати, Мадина мусҳафини ўз қўли билан ёзган хаттот Усмон Тоҳога тегишлидир. Яъни рисоланинг номи “Хаттот Усмоннинг хатида ёзилган Муаллими соний”, деган маънони билдиради.

Бу қилинган иш билан Қуръони каримни ўрганаётган кишилар учун Мадина мусҳафининг ўзига хос услубларини осон ўрганишлари ва ўша мусҳафга мослашиб кетишлари осон бўлиши умид қилинади.

Аллоҳ таолодан бу қилинган ишни қабул қилишини ва савобларини кўпайтириб беришини сўраб қоламиз!

Фойда ва манфаат топсангиз Аллоҳдан деб билишингизни сўраймиз ва хато ва камчилик кўрсангиз муаллифга мурожаат қилишингизни сўраймиз.

Мадина мусҳафи ҳақида

Мадина мусҳафи, Мадина шаҳрида жойлашган подшоҳ Фаҳд ибн Абдулазизга тегишли мажмуада нашр қилинади. Ушбу мусҳаф илк бор 1988 - йилда мажмуа фаолиятини бошлагандан сўнг нашр қилина бошлаган. Бу Мусҳафни тайёрлаш учун дунёнинг турли жойларидан ўз соҳасининг мутахассиси бўлган олимлар таклиф қилинган ва мусҳафни қўлда ёзиб чиқилган. Кейин уни электрон кўринишга ўтказилган. Худди шу Мусҳафни ўз қўллари билан ёзиб чиқиш бахти хаттот Усмон Тоҳога насиб қилган. Бу мусҳафнинг олдинги мусҳафлардан бирқанча фарқлари мавжуд. Улар қуйидагилар:

- Китоб "насх" хат турида ёзилган.
- Китобнинг бетлари 15 қатордан қилинган.
- Ҳар бир бет оят билан тугайди. Бу эса, Қуръони Каримни ёдловчи киши учун жуда қулайлик яратади.
- Тажвид қоидалари турли белгилар билан ёритилган.
- Қуръони каримни ёдловчи ва ўқиб хатм қилувчиларга тақсим қилиш осон бўлиши учун пора ва ҳизбларга бўлинган. Поралар 20 саҳифадан иборат ва бир пора икки ҳизбдан ташкил топган. Сўнгра ҳизблар 1/4, 1/2 ва 3/4 қисмларга бўлинган.

• Ҳар бир оятлар рақамлаб чиқилган.

• Ривоятлар ўртасидаги устунлик кўрсатилган.

**Ушбу "Муаллими соний Усмон хатида" рисоласида қилин-
ган ишлар:**

• Рисола Мадина мусҳафларига мувофиқ насх хатида ёзилди;

• Ўрганувчи киши бошидан кўникиб бориши учун мисолларда келган алифларга ҳамзалари ва васл белгилари қўйилди. Шу билан бирга барча сўзлар Мадина мусҳафларига мувофиқ қилиб ёзилди.

• Янги ҳамза васлийя мавзуси берилди.

• Алиф ва ҳамза мавзусида ўзгаришлар қилинди.

• Мадина мусҳафларининг баъзи ўринларида келдиган "настаълиқ" хатидаги "ё" кўриниши берилди.

• Рисолада араб ёзувида ёзилган ўзбекча маълумотлар кирил хатига ўгирилди. Мадина мусҳафларига мувофиқ келмайдиган ўринларда ўзгартириш киритилди ва баъзи ўринларда қўшимча қилинди;

• Баъзи мавзуларнинг номи ойдинроқ бўлиши учун ўзгар-
тирилди.

• Мадина мусҳафларида ўзига хос ёзилган ёки ўқилиши қийин бўлган устма-уст ёзилган сўзлар қўшилди;

• Мадина мусҳафларида тажвид қоидаларини англатувчи белгилар берилди ва изоҳланди.

• Янги ўрганучи киши чалкашиб кетмаслиги учун тажвид қоидалари бирлаштириб содда кўринишда тушунтирилди.

• Баъзи машҳур бўлган ҳарф сифатлари берилди. Улар ҳақида батафсил маълумот олмоқчи бўлган киши тажвид китобларига мурожаат қилсин.

• Ҳарфларнинг махражлари эса, суратлар билан тушунтириб берилди.

بِسْمِ اللَّهِ الرَّحْمَنِ الرَّحِيمِ

ا ب ت ث ج ح خ

د ذ ر ز س ش ص

ض ط ظ ع غ ف ق

ك ل م ن و ه لا ى ۞

أَ إِ أُ

رَ رِ رُ

أَرْ إِرْ أُرْ

زَ   زِ   زُ

أُزْ   إِزْ   أُزْ   زَزْ   زِزْ   زُزْ

أَزْرُ   إِزْرُ   أُزْرُ   أَزْزُ   أُزْزُ

· ·

مَ   مِ   مُ

أُمْ   إِمْ   أُمْ   مُرْ   مُزْ   رُمْ

أَمَرَ   أَمِرَ   إِمْرُ   أَمْرُ   رَمْزُ   اِرْمْ[1]

مَرْمَرُ   رَمْرَمُ   زَمْزَمْ   أَرْزَمْ   مَّنْ

· ·

تَ   تِ   تُ

مَتْ   مِتْ   مُتْ   تَمَرُ   تَرِرُ

---

1. Ушбу сўздаги васлий алиф Мадина мусҳафларида бундай (اِرْمْ) кўринишда келган. Ўрганувчи киши васлия алифини қандай ҳаракат билан ўқишни ўрганиши учун ҳаракат қўйилди. Васлий алиф ҳақида 29 -бетда маълумот берилган.

أَمَرْتَ أُمِرْتُ مَرَرْتِ أَمَرْتِ زُرْتَ

مُرِرْتُمْ مَرَرْتُمْ أُمِرْتُمْ أَمَرْتُمْ

نُ نِ نَ

نَمْ مِنْ مَنْ زِنْ إِنْ أَنْ

نَزِ نَزِرُ نِمْتُمْ أَنْتُمْ نِمْتَ أَنْتَ

أُمْرُرْنَ مُرِرْنَ مَرَرْنَ أَمِرْنَ أُمَرْنَ

(ے)[1]

يَ يِ ىُ

رَمُى رَأُى مَيْتُ زَيْتُ أَيْمُ أَى

أَيْمَنْ مَيْمَنْ مَيْزَرْ مَرْيَمْ يَمَنْ

مَيْتَيْنِ أَيْمَيْنِ زَيْتَيْنِ أَمْرَيْنِ

---

1. "ё" нинг бу кўриниши фақат орттирилган ҳолатда ёзилади.

بَ بِ بُ

أَب إِبْنُ بِنْتُ بَيْتُ بَيْنُ رَيْبُ

زَيْنَب بَرْبَرُ بَيْرَمُ أَبْرَمُ مِنْبَرُ

بِأَمْرَيْنِ بِبَيْتَيْنِ مِنْبَرَيْنِ زَيْنَبَيْنِ

(كـ , ك) كَ كِ كُ

كَمْ كُمْ كُنْ كَى

بَكْرُ مَكْرُ كَرْمُ كَنْزُ تَرْكُ

كَتَبَ يَكْتُبُ تَرَكَ يَتْرُكُ كَتَبْتُمْ

أَمَرَكَ كُنْتُ أَمَرْتَكَ مُمْكِنْ

لَ لِ لُ

كِلْ لَنْ لُمْ لَمْ بَلْ أَلْ

أَكَلَتْ أَكْمَلَ أَلْزَمَ أَنزَلَ كَمُلَ لَزِمَ نَزَلَ

أَكَلْتُمْ أَكَلْتُ أَكَلْتِ أَكَلْتَ أَكَلْنَ

مُتَزَلْزِلِ يَتَزَلْزَلُ تَزَلْزَلَ يَلْمَلَمْ بُلْبُلْ

....

وَ وِ وُ

لَوْ نَوْ رَوْ أَوْ

وَكَمْ وَلَمْ وَلَنْ وَمَنْ وَتَرْ وَرَمْ

وَزْنُ وَيْلُ كَوْنُ يَوْمُ رَوْمُ أَوَّلُ

أَوْتَرْتُمْ أَوْلَمْتُمْ مَوْكِب كَوْكَب

سَ سِ سُ

سِلْ سِنْ سِرْ سَمْ بَسْ

فَرَسْ سَمَكْ سَلَفْ سَبَقْ سَقَرْ سَفَرْ

سِمْسِمْ مُسْرِفْ مُسْلِمْ مَسْكَنْ مَسْلَكْ

يَسْتَيْسِرْ اِسْتَيْسَرَ يُسْلِمُ أَسْلَمَ

ثَ ثِ ثُ

ثَمَنْ ثَمَرْ ثِنْ ثَمْ ثُبْ بَثْ

مَثَلْ مُثْلُ مِثْلُ ثِيبْ ثَوْبُ ثَوْرُ

يُثْبِتُ أَثْبَتَ يُكْثِرُ أَكْثَرَ كَوْثَرُ

يَسْتَثْقِلُ اِسْتَثْقَلَ يَسْتَكْثِرُ اِسْتَكْثَرَ

سَمَرْ – ثَمَرْ , سَبْتُ – ثَبْتُ , سَلَسُ – ثُلُثُ

صُ صِ صَ

صُمْ صِفْ فَصْ صَرَفُ صَبَرُ بَصَرُ

قَصَبُ نَصَرَ يَنصُرُ اِسْتَبْصَرَ يَسْتَبْصِرُ

سَفَرَ - صَفَرُ , سَيْفُ - صَيْفُ , اِنتَسَبَ - اِنتَصَبَ

طُ طِ طَ

طَلْ طَى شَطْ بَطْ قَطْ فَقَطْ

وَطَنْ طَلَبُ طَرَفُ طُهْرُ طِفْلُ مَطَرُ

مَطْلَبُ مَسْقَطُ مَوْطِنُ

اِصْطَبَرَ يَصْطَبِرُ اِسْتَوْطَنَ يَسْتَوْطِنُ

تَرَفُ - طَرَفُ , سَبْتُ - سَبْطُ , مُسْتَتِرُ - مُسْتَطِرُ

جَ جِ جْ

جُلْ جَبْ جِنْ جَرُ جَمْ

جَوْرَب نَجِد جَوْهَرُ فَجْرُ أَجْرُ جَمَل جَبَل

يَسْتَجْلِب اِسْتَجْلَبَ يَتَجَوْرَب تَجَوْرَب

خَ خِ خُ

خَلَف خَشَب خَبَرُ خَرَجْ خَلْ خَبْ

مُخْبِرُ مَخْرَجْ خَوْفُ خَمْرُ خَتْمُ خَيْرُ

أَخْرَجَ يُخْرِجْ أَخْبَرَ يُخْبِرُ

اِسْتَخْبَرَ يَسْتَخْبِرُ اِسْتَخْرَجَ يَسْتَخْرِجْ

حَ ـحِ ـحُ حْ

بَحْرُ حَى حِل حَج حَسَن حَسَبُ حَسَفُ

نَحْنُ مُحْسِنُ مَحْشَرُ مِنْحَرُ مَحْفَل أَحْسَنُ

اِمْتَحَنَ يَمْتَحِنُ اِحْتَمَل يَحْتَمِل

اِسْتَحْسَنَ يَسْتَحْسِنُ اِحْرَنْجَمَ يَحْرَنْجَمُ

خَلْقُ - حَلْقُ , خَتْمُ - حَتْمُ , أَرْخَمُ - أَرْحَمُ

غَ ـغِ ـغُ غْ

فَرْقُ غَمُّ غَبُ غِلُ غَيْرُ بَغْلُ

أَغْفِرُ غَبْغَبُ مَبْلَغُ مَغْرِب اِغْلِبُ

يَسْتَغْفِرُ اِشْتَغَلَ يَشْتَغِلُ اِسْتَغْفَرَ

ح   عِ   عَ

بِعْ عَنْ عُمْ سَعْ مَعْ عَرَبْ عَجْمْ

عَجَبْ عَمَلْ عِلْمُ عُمَرُ جَمْعُ جَعْلُ

عَبْعَبْ عَسْكَرُ عَيْلَمُ جَعْفَرُ عَنْبَرْ

- -

غَيْنُ - عَيْنُ , بَغْلُ - بَعْلُ , بَلْغُ - بَلَعُ

- -

دُ   دِ   دَ

دُمْ دُبْ دُفْ رِدْ زِدْ تَدْ

دَرْسُ دَفْعُ دَبْغُ دَلْكُ دَهْرُ دُهْنُ

دُلْدُلْ فُدْفُدْ هُدْهُدْ أُشْدُدْ

اِعْتَدَلَ يَعْتَدِلُ اِسْتَرْشَدَ يَسْتَرْشِدْ

ضَ ضِ ضُ

ضَيفُ عَضُلُ ضَهُبُ ضَبطُ ضَعفُ عَرضُ

مَضرَبُ مِضرَبُ اِضرِبُ تَضرِبُ أَضرِبُ نَضرِبُ

اِضطَرَبَ يَضطَرِبُ اِستَضعَفَ يَستَضعِفُ

- -

دَرسُ - ضَرسُ , وَدعُ - وَضعُ , بَعدُ - بَعضُ

- -

ذَ ذِ ذُ

إِذ مُذ خُذ عُذ ذُب ذُقُ ذَر مُنذُ

إِذنُ بَذلُ ذِكرُ ذِهنُ ذَهَب مَذهَب

ذَهَلَ يَذهَلُ بَذَلَ يَبذُلُ أَذهَب يُذهِب

- -

ذِفرُ - زِفرُ , بَذلُ - بَزلُ , أَبذَل - أَبزَل

ظُ ظِ ظَ

لَظْ عَظْ حَظْ فَظْ ظِلُّ ظَنْ

عِظَم ظُلَف ظَمَرْ حَظَرْ نَظَرْ حَظَرْ ظَفَرُ

ظَهْرُ ظُلْمُ حِظْلُ ظِلَفُ ظَلَفُ نَظْمُ

مُظْلِم مُظْهِرُ مَنْظَرُ مَظْهَرُ أَظْفَرُ أَظْهَرُ

يَظْلِمُ ظَلَمَ نَظَرَ يَنْظُرُ يَظْهَرُ ظَهَرَ

يَسْتَعْظِمُ اِسْتَعْظَمَ يَنْتَظِمُ اِنْتَظَمَ

- -

ذَفَرْ – ظَفَرْ , حَظَرْ – حَضَرْ , ظَهْرُ – ضَهْرُ

زَهَرْ – ظَهَرْ , أَزْهَرْ – أَظْهَرْ , أَعْزَمْ – أَعْظَمْ

- -

Бунгача ёзилган арабча сўзлар мадсиз сўзлар эди. Энди арабча сўзларнинг мадлилари кўрсатилади. Мадлар Мадина мусҳафларида куйидагича ёзилади: Мад ҳарфлари бўлган "алиф", "вов" ва "ё" ҳарфлари устида ҳеч қандай белги кўйилмайди ва ўзидан олдинги ҳарфнинг ҳаракати ўзига мувофиқ бўлади. Яъни, "алиф" бўлса "фатҳа", "вов" бўлса "замма", "ё" бўлса "касра" бўлади. Ўқувчилар ушбу ўзгаришга диққат қилишлари керак.

معلم ثاني بخط عثماني

Табиий мад

Табиий мад деб, мад ҳарфлари бўлган "алиф","вов" ва "ё" ҳарфлари икки ҳаракат миқдорида чўзиб ўқилишига айтилади. Яъни икки ҳаракатни талаффуз қилишга кетган вақт миқдорича чўзилади. Масалан: (أَآ). Мадина мусҳафларида бундай мад устига ҳеч қандай белги қўйилмасдан берилган. (Еслатма: устига ҳеч қандай белги қўйилмаган ҳарфлар, аслида сукунли бўлади.)

ا			ى و				
أَا	إِى	أُو		بَا	بِى	بُو		تُو	تِى	تُو
ثَا	ثِى	ثُو		جَا	جِى	جُو		حَا	حِى	حُو
خَا	خِى	خُو		دَا	دِى	دُو		ذَا	ذِى	ذُو
رَا	رِى	رُو		زَا	زِى	زُو		سَا	سِى	سُو
شَا	شِى	شُو		صَا	صِى	صُو		ضَا	ضِى	ضُو
طَا	طِى	طُو		ظَا	ظِى	ظُو		عَا	عِى	عُو
غَا	غِى	غُو		فَا	فِى	فُو		قَا	قِى	قُو
كَا	كِى	كُو		لَا	لِى	لُو		مَا	مِى	مُو
نَا	نِى	نُو		وَا	وِى	وُو		هَا	هِى	هُو
يَا	يِى	يُو								

تَا هِى تُو	يَا بِ يُو	بَا يِ بُو
وَا تِى وُو	ثَا وِى ثُو	هَا تِ هُو
حَا مِى حُو	نَا جِ نُو	جَا نِ جُو
لَا خِى لُو	خَا لِ خُو	مَا حِ مُو
ذَا قِ ذُو	گَا دِ کُو	دَا كِ دُو
فَا رِى فُو	رَا فِ رُو	قَا ذِ قُو
سَا عِى سُو	غَا زِ غُو	زَا غِ زُو
ظَا شِى ظُو	شَا ظِى شُو	عَا سِ عُو
ضَا إى ضُو	طَا صِى طُو	صَا طِى صُو

Ушбу дарсда ёзилган ҳарфларнинг ҳар бири хатосиз мад қилинмагунича кейинги дарслар кўрсатилмайди.

مَالٌ حَالٌ نَارٌ جَاهٌ شَامٌ سَامٌ

بَارِى عَالِى رَاضِى قَاضِى هَادِى حَالِى

كَلَامٌ حَلَالٌ حَرَامٌ جَلَالٌ جَمَالٌ كَمَالٌ

إِمَامٌ حِسَابٌ نِظَامٌ غُرَابٌ غُلَامٌ غُبَارٌ تُرَابٌ

أَمْوَالٌ أَحْوَالٌ أَعْمَالٌ أَعْلَامٌ أَمْوَاتٌ أَمْرَاضٌ

قَوَاعِدُ عَوَامِلُ شَوَاهِدْ جَوَاهِرُ كَوَاكِبُ مَكَاتِبُ

إِكْرَامٌ إِعْلَامٌ إِخْلَاصْ إِظْهَارُ إِصْلَاحْ إِفْسَادْ

عَالِمٌ صَابِرُ مَاهِرُ طَالِبٌ فَاتِحْ صَالِحْ

قَامَا فِيهَا طَامَا تَابَا قُولِى طُوفِى تُوبِى

- -

يُقَالُ يُطَافُ تُتَابُ يَقُولُ تَقُومُ يَطُوفُ

يَتُوبَانِ يَقُولُونَ تَقُومُونَ يَطُوفُونَ تَقُولُونَ

يَنْصُرُونَ تَدْخُلُونَ يَعْلَمُونَ تَعْلَمُونَ

يَشْهَدُونَ   تَضْرِبُونَ   يَرْجِعُونَ   تَجْلِسُونَ

يُكْرِمُونَ   تُسْلِمُونَ   يُخْلِصُونَ   تُكْرِمُونَ

يُنْصَرُونَ   تُضْرَبُونَ   يَجْتَمِعُونَ   تَكْتَسِبُونَ

يَحْتَسِبُونَ   تَسْتَشْهِدُونَ   يَسْتَخْرِجُونَ

أُشْكُرَا أَنْصُرَا اِعْلَمَا أُشْكُرِى أَنْصُرِى اِعْلَمِى

مُكْرِمَانِ   مُسْلِمَانِ   مُخْلِصَانِ   مُنْفِقَانِ

مُكْرِمُونَ   مُسْلِمُونَ   مُخْلِصُونَ   مُنْفِقُونَ

مُسْلِمَاتٌ   مُخْلِصَاتٌ   مَنْصُورُونَ   مَطْلُوبُونَ

يـ , ي = ى

مِيلْ   نِيلْ   فِيلْ   حِينْ   سِينْ   شِينْ

كَرِيمٌ   عَلِيمٌ   سَمِيعٌ   عَزِيزٌ   حَكِيمٌ

مِسْكِينْ   مِعْطِيرٌ   عِفْرِيت   إِدْرِيسْ

تَعْلِيمٌ تَدْرِيسٌ تَبْرِيك تَحْسِينٌ

بَيْعَ مِيلَ عِيشَ يَبِيعُ يَمِيلُ تَعِيشُ

تَبِيعِينَ تَوَارِيخْ تَرَاوِيحْ مُكْرِمِينَ مُسْلِمِينَ

Ташдидли ҳарфлар

ـُّ   ـِّ   ـَّ

Араб тилида икки бир хил ҳарф ёнма-ён келса ва биринчиси сукунли бўлса иккинчиси ёзилади ва устига юқоридаги ташдид аломатларидан бири қўйилади. Сўнг у ҳарф иккилантириб ўқилади.

رَبَّ – (رَبْبَ) رَبِّ – (رَبْبِ) رَبُّ – (رَبْبُ)

إِنَّ أَنَّ أُمَّ بَرَّ جَرَّ حَجَّ شَكَّ

بُرُّ جَرُّ حَجُّ شَكُّ ذَمُّ حَقُّ شَرُّ

بِرُّ سِرُّ سِتُّ عِزُّ طِلُّ حِلُّ حِسُّ

بُرُّ دُرُّ خُفُّ كُلُّ دُبُّ زُقُّ أُمُّ

بُرَّ ذُمَّ سُبَّ فُكَّ سُرَّ سُمَّ ثُمَّ

بُرِّ دُرِّ خُفِّ كُلِّ دُبِّ زُقِّ ضُرِّ

دَبَّر كَثَّر فَجَّر وَحَّد سَخَّر أَدَّب

حَرَّم رَزَّق يَسَّر بَشَّر فَصَّل فُضَّل

عَطَّر عَظَّم نَعَّم كَفَّن لَقَّب ذَكَّر

شَمَّر عَلَّم كَمَّل صَنَّف صَوَّر غَيَّر

- -

دُبِّر كُثِّر فُجِّر وُحِّد سُخِّر أُدِّب

حُرِّم رُزِّق يُسِّر بُشِّر فُصِّل فُضِّل

عُطِّر عُظِّم نُعِّم كُفِّن لُقِّب ذُكِّر

شُمِّر عُلِّم كُمِّل صُنِّف صُوِّر غُيِّر

- -

تَدَبَّر تَكَبَّر تَحَجَّر تَوَحُّد تَسَخُّن تَبَدُّل

تَحَرُّزْ تَعَزُّزْ تَيَسُّرْ تَعَشُّقْ تَعَصُّب تَفَضُّل

تَوَطُّر تَنَعُّم تَوَغُّل تَنَفُّس تَرَقُّب تَفَكُّر

تَعَلُّم تَكَمُّل تَفَنُّن تَصَوُّر تَغَيُّر

مُتَدَبِّر مُتَكَثِّر مُتَحَجِّر مُتَوَحِّد مُتَسَخِّن

مُتَبَدِّل مُتَهَذِّب مُتَحَرِّز مُتَعَزِّز مُتَيَسِّر

مُتَوَطِّن مُتَنَعِّم مُتَوَغِّل مُتَنَفِّس مُتَفَكِّر

مُتَعَلِّم مُتَكَمِّل مُتَفَنِّن مُتَصَوِّر مُتَغَيِّر

اِسْوَدَّ اِصْفَرَّ اِحْمَرَّ اِغْتَرَّ اِهْتَزَّ

اِسْتَرَدَّ اِسْتَحَبَّ اِسْتَحَلَّ اِسْتَدَلَّ

Танвинли ҳарфлар

заммали танвин	касрали танвин	фатҳали танвин

Устига ёки тагига юқоридаги танвин аломатларидан бири қўйилган ҳарфлардан сўнг бир сукунли нун (نْ) орттириб ўқилади.

أً – (أَنْ) أٍ – (إِنْ) إٍ – أٌ – (أُنْ)

أَ بَا تَّا ثَّا جَّا حَّا خَّا دَّا ذَّا

رَّا زَّا سَّا شَّا صَّا ضَّا طَّا ظَّا عَّا غَّا

فَّا قَّا كَّا لَّا مَّا نَّا وَّا هَّا يَا

إِ بِ تِ ثِ جِ حِ خِ دِ ذِ

رِ زِ سِ شِ صِ ضِ طِ ظِ عِ غِ

فِ قِ كِ لِ مِ نِ وِ هِ يِ

أُ بُ تُ ثُ جُ حُ خُ دُ ذُ

رُ زُ سُ شُ صُ ضُ طُ ظُ عُ غُ

فُ قُ كُ لُ مُ نُ وُ هُ يُ

ثَوْبًا ثَوْبٍ ثَوْبُ فَوْتًا فَوْتٍ فَوْتُ

لَيْثًا فَوْج لَوْحُ فَرْقًا طَوْدٍ عَوْذٌ

دَوْرًا فَوْزٍ قَوْسٌ عَرْشًا عَرْضٍ حَوْضٌ

سَوْطًا غَيْظٍ شَرْعُ فَرْغًا خَوْفٍ شَوْقٌ

دَرَكًا حَوْلُ نَوْمٌ لَوْنًا دَلْوٍ شَرَهُ

Танвинли ташдид

ـٌّ ـٍّ ـًّ

رَبًّا – (رَبَّنْ) – رَبٍّ – (رَبِّنْ) رَبٌّ – (رَبُّنْ)

حَبًّا بَرًّا جَرًّا مَسًّا كَفًّا مَنًّا

سِتٍّ سِرٍّ حِلٍّ حِسٍّ عِزٍّ بِزٍّ

دُرٌّ ذُلٌّ أُمٌّ خُفٌّ بُرٌّ كُلٌّ

مُبَيَضًّا مُسْوَدٍّ مُصْفَرٌّ مُحْمَرًّا مُخْضَرٍّ

مُهْتَزًّا مُحْتَجٌّ مُنْسَدٌّ مُضْطَرٌّ مُخْتَصٌّ

مُسْتَرِدًّا مُسْتَحِبٌّ مُسْتَحِلٌّ مُسْتَدِلًّا مُسْتَعِدٍّ

Ҳамза

Мадина мусҳафларида ҳамза уч хил кўринишда келади. Улар: мад, васлали ва қатъий кўринишларидир. У Алифлар қуйидаги кўринишларда келади.

ا آ أ ئ ؤ ئـ ء

١) تَحْتِهَا كَانَ قَالَا عَذَاب كَبِيرًا

٢) اَلْحَمْدُ[1] اَهْدِنَا اُنْظُرْ فَاَنْقَلَبَ اَبْنُ اَقْتَرَبَ

٣) أَمَرَ إِنْسَانْ يَأْخُذُ قَرَأَ اَقْرَأُ

٤) قُرِئَ قَارِئ مُبْتَدِئ مُسْتَهْزِئ

٥) يُؤْمِنُ مُؤْمِنْ مُؤَذِّنْ مُؤَلِّف لُؤْلُؤ

---

1. Бундан олдинги барча ўринларда ҳамза васлиянинг ҳаракатлари ўрганувчига осон бўлиши учун берилди. Кейиги ўринларда ҳаракатсиз берилади. Чунки у Мадина мусҳафларида шундай берилган.

٦) قَآئِلْ[1]   رِئَآءَ   أَئْتُونِى[2]   مَآئِلْ   رَئِيسْ

٧) بِئْسَ   بِئْرُ   سَئَلَ   يَسْئَلْ   مَسْئُولْ

٨) شَآءَ   سَآءَ   جَآءَ   يَشَآءُ   مَسَآءُ

جَآءُو   نِسَآءَ   شُفَعَآءَ   ٱلْقُرْءَان   أَمْرَأً

ٱلْمَرْءُ   أَمْرُؤٌ   ءَابَآءَنَا   قُرُوٓءٍ   فَاءُو

ٱلْأَجْرُ   ٱلْأَخِرَةِ[3]   سُوٓءُ   وَضُوٓءُ

Ҳамза васлия

Мадина мусҳафларида ҳамза васлияни ҳаракати қўйилмаган бўлгани учун учбу мавзу қўшилди.

Ҳамза васлийя уч хил ўқилади: фатҳали, касрали, ва заммали.

1. Сўз маърифа қилувчи алиф-ломли бўлса ҳамза васлийя фатҳали ўқилади.

ٱلْحَمْدُ , ٱلْعَزِيزُ , ٱلرَّحْمَنِ , ٱلرَّحِيم

2. Сўз феъл сўз туркумига мансуб бўлса учинчи ҳарфига қаралади, агар заммали бўлса алиф васлийя заммали ўқилади.

---

1 Ушбу сўзга қўйилган мад белгиси ҳақида 36-бетда батафсил маълумот берилган.
2 Ушбу сўз бундай (أَيْتُونِى) деб ўқилади.
3 Алиф-ломнинг орасига ёзилган ҳамза чўзиб ўқилади.

$$\text{أَنْظُرْ , أَرْكُضْ , أَبْتُلِي}$$

3. Сўз от сўз туркумига мансуб бўлса, ҳамза васлийя касрали ўқилади.

$$\text{أَبْنُ , أَسْتِغْفَارُ , أَحْمِرَارُ}$$

Шу билан бирга феъл сўз туркумига мансуб сўз бўлса, учинчи ҳарфига қаралади, агар фатҳали ёки касрали бўлса у ҳам касрали ўқилади.

$$\text{أَنْقَلَبَ , أَقْتَرَبَ , أَغْفِرْ}$$

Қуръони каримда қуйидаги сўзлар учинчи ҳарфи заммали бўлса ҳам ҳамза васлийя касрали ўқилади.

$$\text{أَقْضُوا , أَمْضُوا , أَبْنُوا , أَمْشُوا , أَئْتُونِي}$$

Эслатма: араб тилидан бохабар бўлмаган кишилар алиф васлийя иштирок этган сўзларни олдинги сўзга боғлаб ўқишлари тавсия   этилади.

....

"Та" марбута

$$\text{ت } = \text{ ة ة}$$

$$\text{عَزِيزَةٌ (عَزِيزَتٌ) فَرِيدَةٌ حَمِيدَةٌ سَعِيدَةٌ شَهِيدَةٌ}$$

$$\text{جَمِيلَةٌ حَلِيمَةٌ سَلِيمَةٌ شَرِيفَةٌ نَعِيمَةٌ}$$

مَرَّةٌ - مَرَّاتٌ كَرَّةٌ - كَرَّاتٌ حُرَّةٌ - حُرَّاتٌ

Ёзилмаса ҳам ўқиладиган ҳарфлар

Орттирилган "алиф"

"Алиф", "ё" ва "вов" муқаддаралари деганда, хатда ёзилмасада ўқиладиган "алиф", "ё" ва "вов"лар тушунилади.

Ҳарфлар орасига қўйилган кичкина алиф, алиф каби чўзиб ўқилади.

إِلَهٌ (إِلَاهٌ) رَحْمَنٌ هَذَا جَدَلْنَا ذَلِكَ هَؤُلَاءِ لَكِنِ يَأَيُّهَا هَأَنْتُمْ أَلْبَبْ ٱلْكِتَبُ صِرَاطَ إِسْمَعِيلُ إِسْحَقْ فَأَدَّرَأْتُمْ

Аллоҳ лафзининг иккинчи ломидан сўнг алиф орттириб ўқилади.

عَبْدُ ٱللَّهِ - (عَبْدُ ٱللَّاهِ) , عُبَيْدُ ٱللَّهِ

- -

Орттирилган "ё"

"Ё"ҳарфининг бу (ے) шакли сўзлардан кейин ёки ўртасида келса, "ё" каби ўқилади.

بِهِۦ (بِهِى) وَلِيِّۦ (وَلِيِّى) بِحُكْمِهِۦ بِقُدْرَتِهِۦ هَذِهِۦ بِأَمْرِهِۦ إِلَفِهِمْ ٱلنَّبِيِّنَ إِبْرَهِيمْ

Орттирилган "вов"

Сўзларнинг охирида ёки ўрталарида кичик "вов" ёзилган бўлса "вов" каби чўзиб ўқилади.

لَهُوۡ   (لَهُو)   أَمۡرُهُوۡ   حُكۡمُهُوۡ   قُدۡرَتُهُوۡ

مَالُهُوٓ   دَاوُودُ   لَا يَسۡتَوُونَ   يَلُوُونَ   لِيَسُوٓءُوا

"Ё" алифийя

Сўзлар охиридаги "ё"ларнинг устида кичик алиф бўлса, бу "ё"лар алиф каби ўқилади.

إِلَىٰ   عَلَىٰ   لَدَىٰ   مَتَىٰ   أَنَّىٰ   حَتَّىٰ

شَتَّىٰ   تَعَالَىٰ   مُوسَىٰ   عِيسَىٰ

يَحۡيَىٰ   مُرۡتَضَىٰ   يَتَزَكَّىٰ   فَتَرۡضَىٰ

Шунингдек, бу каби сўзлар ҳам алиф билан ўқилади.

سَوَّىٰهَا   دَسَّىٰهَا   فَسَوَّىٰهَا   عُقۡبَىٰهَا

....

"Вов" алифийя

Баъзи сўзлардаги "вов" устида кичик алиф бўлса, у алиф каби ўқилади.

صَلَوٰةٌ   زَكَوٰةٌ   حَيَوٰةٌ   غَدَوٰةٌ   رِبَوٰا

Ёзилса ҳам ўқилмайдиган ҳарфлар

Ҳарфлар устига кичик доира (ؚ) қўйилса, уларни васлда ҳам вақфда[1] ҳам ўқилмайди.

أُوْلُوا۟   أُوْلِى   أُوْلَٰٓءِ   أُوْلَٰتِ   أُوْلَٰٓئِكَ

بِأَيْيْدٍ   نَبَإِى۟   وَجَآىْءَ   ءَامَنُوا۟

Ушбу сўзлар ўртасидаги устига ҳеч нарса қўйилмаган "лом"лар ҳам ўқилмайди.

ٱلتَّبَعُ , ٱلثَّمَرُ , ٱلدَّخَلُ , ٱلذَّهَبُ , ٱلرَّصَدُ
ٱلزَّبَدُ , ٱلسَّفَرُ , ٱلشَّجَرُ , ٱلصَّفَرُ , ٱلضَّرَرُ
ٱلطَّلَبُ , ٱلظَّفَرُ , ٱللَّهَبُ , ٱلنَّسَبُ

Шунингдек, бу каби сўзларнинг орасидаги алиф васлийя ҳам ўқилмайди.

بِٱلْغَيْبِ , وَبِٱلْأَٰخِرَةِ , كَٱلْفَرَاشِ , وَٱلْعَصْرِ , وَٱنْحَرْ
وَٱلْمُشْرِكِينَ ,

---

1 Васл ва вақф мавзулари 35 -бетда берилган.

Васл - қўшиш

Васл, икки, уч ёки ундан кўп сўзларни бир-бирига қўшиб ўқиш деганидир. Баъзан икки сўз қўшиб ўқилганида ўрталаридаги бир неча ҳарфлар ўқилмай қолади. Икки сўз ўртасидаги ўқилмайдиган ҳарфларни уларнинг ҳаракатлари ва сукунлари қўйилмаганидан билиб олинади.

رَبِّ ٱلْعَلَمِينَ , صِرَطَ ٱلَّذِينَ , غَيْرِ ٱلْمَغْضُوبِ

هُمُ ٱلْمُفْلِحُونَ , لَيْلَةُ ٱلْقَدْرِ حَذَرَ ٱلْمَوْتِ

وَإِذِ ٱسْتَسْقَى , أَنفُسُكُمُ ٱسْتَكْبَرْتُمْ

Ушбу сўзлар каби сўзларга бошқа сўз қўшиб ўқилганда устига ҳеч нарса қўйилмаган алифлар ҳам ломлар ҳам ўқилмайди.

هُوَ ٱلتَّبَعُ , هُوَ ٱلثَّمَرُ , هُوَ ٱلدَّخَلُ , هُوَ ٱلذَّهَبُ

هُوَ ٱلرَّصَدُ هُوَ ٱلزَّبَدُ , هُوَ ٱلسَّفَرُ , هُوَ ٱلشَّجَرُ

هُوَ ٱلصَّفَرُ , هُوَ ٱلضَّرَرُ , هُوَ ٱلطَّلَبُ هُوَ ٱلظَّفَرُ

هُوَ ٱللَّهَبُ , هُوَ ٱلنَّسَبُ

Ушбу сўзларга ўхшаш сўзлар қўшиб ўқилганда устига ҳеч нарса қўйилмаган алифлар, вовлар, "ё"лар ва "лом"лар ўқилмайди.

هَذَا ٱلْبَلَدُ , مَا ٱلْقَارِعَةُ , مَا ٱلْحُطَمَةُ , هَذَا ٱللَّذِى

مَن ذَا ٱلَّذِى , تَحْتِهَا ٱلْأَنْهَارُ , فَقُلْنَا ٱضْرِب ,

بِئۡسَ ٱلِٱسۡمُ , ٱهۡدِنَا ٱلصِّرَاطَ , يَـٰٓأَيُّهَا ٱلنَّاسُ , إِلَى ٱلنَّاسِ , عَلَى ٱلنَّاسِ , فِى ٱلۡأَرۡضِ , فِى ٱلصُّدُورِ قَوۡمًا ٱللَّهُ[1] , يَوۡمَئِذٍ ٱلۡمَسَاقُ , لَقُوا۟ ٱلَّذِينَ , أُوتُوا۟ ٱلۡكِتَـٰبَ , وَأَقِيمُوا۟ ٱلصَّلَوٰةَ , وَءَاتُوا۟ ٱلزَّكَوٰةَ , وَعَمِلُوا۟ ٱلصَّـٰلِحَـٰتِ , ٱهۡدِنَا ٱلصِّرَاطَ ٱلۡمُسۡتَقِيمَ , وَهَـٰذَا ٱلۡبَلَدِ , ٱلۡأَمِينَارُ ٱللَّهِ ٱلۡمُوقَدَةُ , كَمَثَلِ ٱلَّذِى ٱسۡتَوۡقَدَ , فَٱتَّقُوا۟ ٱلنَّارَ ٱلَّتِى , هُوَ ٱلتَّوَّابُ ٱلرَّحِيمُ ذُو ٱلۡفَضۡلِ ٱلۡعَظِيمِ , أَنتَ ٱلۡعَزِيزُ ٱلۡحَكِيمُ ۝

Ушбу сўзларга ўхшаш сўзларнинг охиридаги алифнинг устига нолга ўхшаш (ٰ) думалоқ қўйилган алифлар вақфда ўқилади, васлда ўқилмайди.

أَنَا۠ , قَوَارِيرَا۠ , لَـٰكِنَّا۠

Вақф – тўхташ

Вақф Қуръони каримни ўқиётганда нафас олиш учун бир сўзда тўхтаб, кейин ўқишни давом эттиришга айтилади. Бунда сўзнинг охирги ҳарфининг ҳаракатини сукунга алмаштирилади. Агар фатҳали танвин бўлса алиф билан чўзиб тўхтатилади. Аммо "та марбута" (ة)

[1] Шу ва ундан кейинги сўз,(يَوۡمَئِذٍ ٱلۡمَسَاقُ) ва (قَوۡمَنِ ٱللَّهُ) деб ўқилади.

بۇلسا، "ҳо" (ه) билан вақф қилинади.

نَسْتَعِينُ ۞ يُؤْمِنُونَ ۞ يَعْلَمُونَ

نَسْتَعِينْ ۞ ۞ يُؤْمِنُونْ يَعْلَمُونْ

يُسْرًا ۞ أَبَدًا ۞ تَوَّابًا ۞ غِشَوَةٌ ۞ مُمَدَّدَةٌ

يُسْرًا ۞ أَبَدَا ۞ تَوَّابَا ۞ غِشَوَهْ ۞ مُمَدَّدَهْ

Фаръий мад

Фаръий мад деб, табиий маддан кўпроқ чўзиладиган мадга айтилади. Устига мад аломати (ـٓـ) қўйилган ҳарфлар тўрт ҳаракат миқдорича чўзиб ўқилади. Агар мад аломатидан (ـٓـ) сўнг сукун келса олти ҳаракат миқдорида чўзилади.

سَآءَ , شَآءَ , جَآءَ , أُوْلَئِكَ , هَؤُلَاءِ , سَوَآءٌ , سَآئِلٌ
يَآأَيُّهَا , إِسْرَآءِيلُ , سِيَءَ , وَجَائِءَ , ٱلْمَلَٰئِكَة
بِمَآ أَنزَلَ , ءَٱلْئَٰنَ , ٱلصَّآخَّةُ[1] , ٱلضَّآلِّينَ
ءَٱللَّهُ , ٱلدَّوَآبُّ , يَأْمُرُكُم بِهِۦ , إِيمَٰنُكُم

Шунингдек, қуйидагига ўхшаш охиргидан олдинги ҳарфи устига ҳеч нарса қўйилмаган мад ҳарфли сўзлар вақф қилинганда икки, тўрт ёки олти ҳаракат чўзилади.

نَسْتَعِينَ , يُنفِقُونَ , ٱلْكِتَٰبَ , عَذَابُ , يَمْشُونَ

1 Ушбу сўз аслида (ٱلصَّآخَّةَ) еди. Бу ҳақида "ташдид" мавзусида ўтди.

Шунингдек, сукунли "вов" ва "ё" ҳарфларидан олдин фатҳа келса, вақфда икки,тўрт ёки олти ҳаракат чўзилади. Васлда эса, чўзилмай ўқилади.

$$ خَوۡفٍ \, ، \, ٱلۡبَيۡتِ \, ، \, نَوۡمٌ \, ، \, قُرَيۡشٍ $$

Изҳор

Изҳор, баён қилиш деган маънони билдиради. Истеълоҳда эса ҳарфларни ўз махражидан ғуннасиз чиқаришдир. Мадина мусҳафларида улар қуйидагича берилган: ҳарфлар устига сукун (ـْ) қўйилган ва танвинлар эса бундай шаклда (ـٌ ـٍ ـً) берилган.

$$ كَفَّارٍ أَثِيمٍ \, ، \, مَنۡ ءَامَنَ \, ، \, قَوۡمٍ هَادٍ \, ، \, مِنۡ هَادٍ $$

$$ سَمِيعٌ عَلِيمٌ \, ، \, أَنۡعَمۡتَ \, ، \, عَلِيمٌ حَكِيمٌ \, ، \, وَٱنۡحَرۡ $$

$$ مَآءً غَدَقًا \, ، \, فَسَيُنۡغِضُونَ \, ، \, كَرَّةٌ خَاسِرَةٌ \, ، \, مِنۡ خَيۡرٍ $$

$$ هُمۡ فِيهَا \, ، \, أَمۡ لَمۡ \, ، \, ٱلۡبَابُ $$

Идғом

Идғом, киргизиш деган маънони билдиради. Истеълоҳда эса сукунли ҳарфни баъзи ҳарфларга йўлиққанда ўша ҳарф ичига киргазиб ўқишга айтилади. Мадина мусҳафларида идғом қуйидагича берилган: ҳарфлар устида ҳеч қандай белги берилмаган. Танвин эса, (ـٌ ـٍ ـً) кўринишида берилган. Агар идғом комил бўлса ҳарфлар ва танвиндан кейинги ҳарфнинг устига ташдид қўйилган. Идғом нокис бўлганда эса ташдид бўлмайди. Агар сукунли нун ёки танвин ушбу (ي ن م و) ҳарфлардан бирига йўлиқса, идғом ғуннали ўқилади.

مِن مَّسَدٍ , لَن نُّؤْمِنَ , مِن وَلِيٍّ , وَمَن يَعْمَلْ

هُدَى مِّنْ , شَيْئًا نُّكْرًا , إِلَهٌ وَاحِدٌ , خَيْرًا يَرَهُ

هُدَى لِّلْمُتَّقِينَ , غَفُورٌ رَّحِيمٌ , إِذ ظَّلَمْتُمْ , قَدتَّبَيَّنَ

أَثْقَلَت دَّعَوَا , فَئَامَنَت طَّائِفَةٌ , قُل رَّبِّ

يَلْهَث ذَّلِكَ , ارْكَب مَّعَنَا , فَرَّطتُ , نَخْلُقكُّمْ

....

Иқлоб

Иқлоб бир нарсани бошқа нарсага айлантириш маъносини билдиради. Истеълоҳда, сукунли нун ёки танвиндан кейин ба ҳарфи келса уни мимга ўзгартиришга айтилади. Мадина мусҳафида иқлоб қуйидагича берилган: нун устига кичик мим, танвин ўрнига ҳам кичик мим қўйилган.

مِنْ بَعْدِ , سَمِيعٌ بَصِيرٌ , شَيْءٍ بَصِيرٌ , جَزَاءً بِمَا

Шунингдек "мим" ҳарфи "ба" ҳарфига йўлиқса ҳам шундай талаффуз қилинади.

تَرْمِيهِم بِحِجَارَةٍ , وَمَا هُم بِمُؤْمِنِينَ

Ихфо

Ихфо, беркитиш деган маънони билдиради. Истеълоҳда эса сукунли нун ёки танвинни ўзидан кейин келадиган ҳарф махражига ғунна билан бекитиб ўқишга айтилади. Мадина мусҳафларида ихфо қуйидагича берилган: нун устида ҳеч қандай белгисиз, танвин эса, (⁧ـٌ⁩ ⁧ـٍ⁩ ⁧ـً⁩) кўринишларида берилган.

⁧بِرِيحٍ صَرْصَرٍ , مَنصُورًا , عَزِيزٌ ذُو ٱنتِقَامٍ⁩

⁧تُنذِرْهُمْ , مَآءَ ثَجَّاجَا , وَٱلْأُنثَىٰ , كِرَامًا كَتبِينَ⁩

⁧مِنكُمْ , عَيْنٌ جَارِيَة , أَن جَآءَهُ , شَيْءٍ شَهِيدًا⁩

⁧مِن شَيْءٍ , شَيْءٍ قَدِيرٌ , مِن قَبْلِ⁩

⁧خَمْسَةٌ سَادِسُهُمْ , ٱلْإِنسَٰنُ , وَكَأْسًا دِهَاقًا,⁩

⁧مِن دُونِ , كَشَجَرَةٍ طَيِّبَةٍ , عَن طَبَقٍ⁩

⁧نَفْسًا زَكِيَّةً , ٱلْمُنزِلُونَ , تَبَعًا فَهَلْ , أَنفُسِكُمْ⁩

⁧حِلْيَةً تَلْبَسُونَهَا, قِسْمَةٌ ضِيزَىٰ , ٱنظُرْ⁩

Араб ҳарфларининг исмлари

خ	ح	ج	ث	ت	ب	ا
خا	حا	جـيـم	ثا	تا	با	الـف

ص	ش	ز	ر	ذ	د
صاد	شين	سين	زا	را	ذال	دال

ق	ف	غ	ع	ظ	ط	ض
قاف	فا	غين	عين	ظا	طا	ضاد

ى	لا	ه	و	ن	م	ل	ك
يا	لام الف	ها	واو	نون	ميم	لام	كاف

Ҳуруфул муқоттоат[1]

Қуръондаги баъзи сураларнинг бошлари қуйидаги ҳарфларнинг исмлари билан ўқилади. Устига мад аломати қўйилган ҳарфлар олти ҳаракат чўзиб ўқилади.

آلَمَّر ۞ آلَرٰ ۞ آلٰمّص ۞ آلَمّ

اَلِف لَآم مِّيمْ رَا ۞ اَلِف لَآمْ رَا ۞ اَلِف لَآمّ صَآدْ ۞ اَلِف لَآم مِّيمْ

طٰسۤ ۞ طٰسۤمّ ۞ طٰه ۞ كٰهيٰعۤصۤ

طٰا سِيۤنْ ۞ طٰا سِيۤنْ مِّيمْ ۞ كٰآفْ هَا يَا عَيۤنْ صَآدْ

---

1 "Ҳуруфул муқоттоат", "узилган ҳарфлар", деган маънони билдиради. Бундай номланишининг сабаби, ушбу ҳарфлар, Қуръон оятларининг маъноларидан узилганлигидир.

يسٓ ۞ صٓ ۞ حمٓ ۞ حمٓ ۞ حمٓ عٓسٓقٓ ۞ قٓ ۞ نٓ

يَا سِيٓنْ ۞ صَآدْ ۞ حَا مِيٓمْ ۞ حَا مِيٓمْ عَيٓن سِيٓن قَآفْ ۞ قَآفْ ۞ نُوٓنْ

Аллоҳ лафзи

Қуръони каримда Аллоҳ (ﷲ) лафзининг ломи икки хил ўқилади:

1. Аллоҳ лафзидан олдин фатҳа ёки замма келса Аллоҳ лафзининг ломи йўғон қилиб ўқилади.

Мисоллар:

ٱللَّهُ , تَٱللَّهِ , قَالَ ٱللَّهُ

2. Аллоҳ лафзидан олдин касра келса Аллоҳ лафзининг ломи ингичка қилиб ўқилади.

Мисоллар:

بِٱللَّهِ , لِلَّهِ , بِرَحْمَةِ ٱللَّهِ

....

Қалқала

Қалқала табратиш деган маънони билдиради. Тажвид илмида қуйидаги сўзнинг ҳарфлари сукунли бўлганда, тебратиб ўқишга айтилади.

قُطْبُ , جَدْ

Мисоллар:

يَقْتُلُ , يُطْعِمُ , يُبْعَثُ , يَجْمَعُ , أَحَدُ

Иймон калималари

كَلِمَةٌ طَيِّبَةٌ ۞ لَاۤ إِلَهَ إِلَّا ٱللَّهُ مُحَمَّدٌ رَسُولُ ٱللَّهِ ۞

كَلِمَةُ ٱلشَّهَادَةِ ۞ أَشْهَدُ أَنْ لَاۤ إِلَهَ إِلَّا ٱللَّهُ وَ أَشْهَدُ

أَنَّ مُحَمَّدًا عَبْدُهُۥ وَ رَسُولُهُۥ ۞

۞ كَلِمَةُ ٱلتَّوْحِيدِ ۞

أَشْهَدُ أَنْ لَاۤ إِلَهَ إِلَّا ٱللَّهُ وَحْدَهُۥ لَا شَرِيكَ لَهُۥ ۞

لَهُ ٱلْمُلْكُ وَ لَهُ ٱلْحَمْدُ يُحْيِي وَيُمِيتُ ۞ وَهُوَ حَيٌّ

لَايَمُوتُ ۞ بِيَدِهِ ٱلْخَيْرُ وَهُوَ عَلَى كُلِّ شَيْءٍ قَدِير ۞

۞ كَلِمَةُ رَدِّ ٱلْكُفْرِ ۞

ٱللَّهُمَّ إِنِّي أَعُوذُ بِكَ مِنْ أَنْ أُشْرِكَ بِكَ شَيْئًا وَأَنَا

أَعْلَمُ ۞ وَأَسْتَغْفِرُكَ لِمَا لَاۤ أَعْلَمُ ۞ إِنَّكَ أَنْتَ

عَلَّامُ ٱلْغُيُوبِ ۞

۞ كَلِمَةُ ٱلْاَسْتِغْفَارِ ۞

أَسْتَغْفِرُ ٱللَّهَ أَسْتَغْفِرُ ٱللَّهَ أَسْتَغْفِرُ ٱللَّهَ تَعَالَى مِنْ كُلِّ ذَنْبٍ أَذْنَبْتُهُ عَمْدًا أَوْ خَطَأً سِرًّا وَعَلَانِيَةً وَأَتُوبُ إِلَيْهِ مِنَ ٱلذَّنْبِ ٱلَّذِي أَعْلَمُ وَمِنَ ٱلذَّنْبِ ٱلَّذِي لَا أَعْلَمُ إِنَّكَ أَنْتَ عَلَّامُ ٱلْغُيُوبِ ۞

۞ كَلِمَةُ ٱلتَّمْجِيدِ ۞

سُبْحَانَ ٱللَّهِ وَٱلْحَمْدُ لِلَّهِ وَ لَا إِلَهَ إِلَّا ٱللَّهُ وَ ٱللَّهُ أَكْبَرُ ۞ لَا حَوْلَ وَ لَا قُوَّةَ إِلَّا بِٱللَّهِ ٱلْعَلِيِّ ٱلْعَظِيمِ ۞ مَا شَاءَ ٱللَّهُ كَانَ وَمَا لَمْ يَشَأْ لَمْ يَكُنْ ۞ ٱلْإِيمَانُ إِقْرَارٌ بِٱللِّسَانِ وَتَصْدِيقٌ بِٱلْقَلْبِ بِمَا جَاءَ بِهِ مِنْ عِنْدِ ٱللَّهِ مُحَمَّدٌ رَسُولُ ٱللَّهِ ۞ صَلَّى ٱللَّهُ عَلَيْهِ وَسَلَّمَ ۞

۞ إِيمَانٌ مُجْمَلٌ ۞

ءَامَنْتُ بِٱللَّهِ كَمَا هُوَ بِأَسْمَآئِهِ وَصِفَاتِهِ وَقَبِلْتُ جَمِيعَ أَحْكَامِهِ ۞

۞ إِيمَٰنٌ مُفَصَّلٌ ۞

ءَامَنْتُ بِٱللَّهِ وَمَلَآئِكَتِهِ وَكُتُبِهِ وَرُسُلِهِ وَٱلْيَوْمِ ٱلْأَخِرِ وَٱلْقَدَرِ خَيْرِهِ وَشَرِّهِ مِنَ ٱللَّهِ تَعَالَىٰ وَ ٱلْبَعْثِ بَعْدَ ٱلْمَوْتِ

ҚАЙДЛАР УЧУН

Мундарижа

Бисмиллаҳир роҳманир роҳим.............................2

Муқаддима.............................2

Мадина мусҳафи ҳақида.............................3

Табиий мад.............................19

Ташдидли ҳарфлар.............................23

Танвинли ҳарфлар.............................25

Танвинли ташдид.............................27

Алиф ва ҳамза.............................28

Орттирилган "ё".............................31

Орттирилган "вов".............................32

"Ё" алифийя.............................32

"Вов" алифийя.............................32

Ёзилса ҳам ўқилмайдиган ҳарфлар.............................33

Вақф – тўхташ.............................35

Фаръий мад.............................36

Изҳор.............................37

Идғом.............................37

Иқлоб.............................38

Ихфо.............................38

Ҳуруфул муқоттоат.............................40

Аллоҳ лафзи.............................41

Қалқала.............................41

Иймон калималари.............................42